Timun Mas és un segell d'Editorial Planeta, S. A.

Direcció editorial: Isabel Martí

Guia didàctica: Teresa Blanch
© Violeta Denou, 2005
Drets exclusius d'edició:
Editorial Planeta, S. A., 2005
Avgda. Diagonal, 662-664 - 08034 Barcelona (Espanya)

1a edició: març de 2005
ISBN: 84-08-05863-0
Dipòsit legal: B. 2.238-2005
Imprès a Espanya per Industria Gráfica Domingo, S. A.

EN TEO
I LES TRADICIONS CATALANES

timunmas

VIOLETA DENOU

L'avi m'ha contat que a Catalunya se segueixen molts costums i tradicions. N'hi ha tants, que he triat els que m'agraden més per compartir-los amb tu. Observa les il·lustracions, que s'acompanyen d'un text breu, i passa una bona estona descobrint un munt de coses sobre les festes i les tradicions que se celebren a Catalunya. Vols que t'expliqui un secret? A mi, m'encanta fer cagar el tió i celebrar la revetlla de Sant Joan. I a tu?

Sant Anton

Sant Ponç

Avui fem la castanyada, i per això la tia Rosa torra les castanyes que ens menjarem després. Mentrestant la Susanna, en Pau i jo preparem els panellets. La Susanna diu que li encanten els d'avellana, però a mi, m'agraden molt els de pinyons.

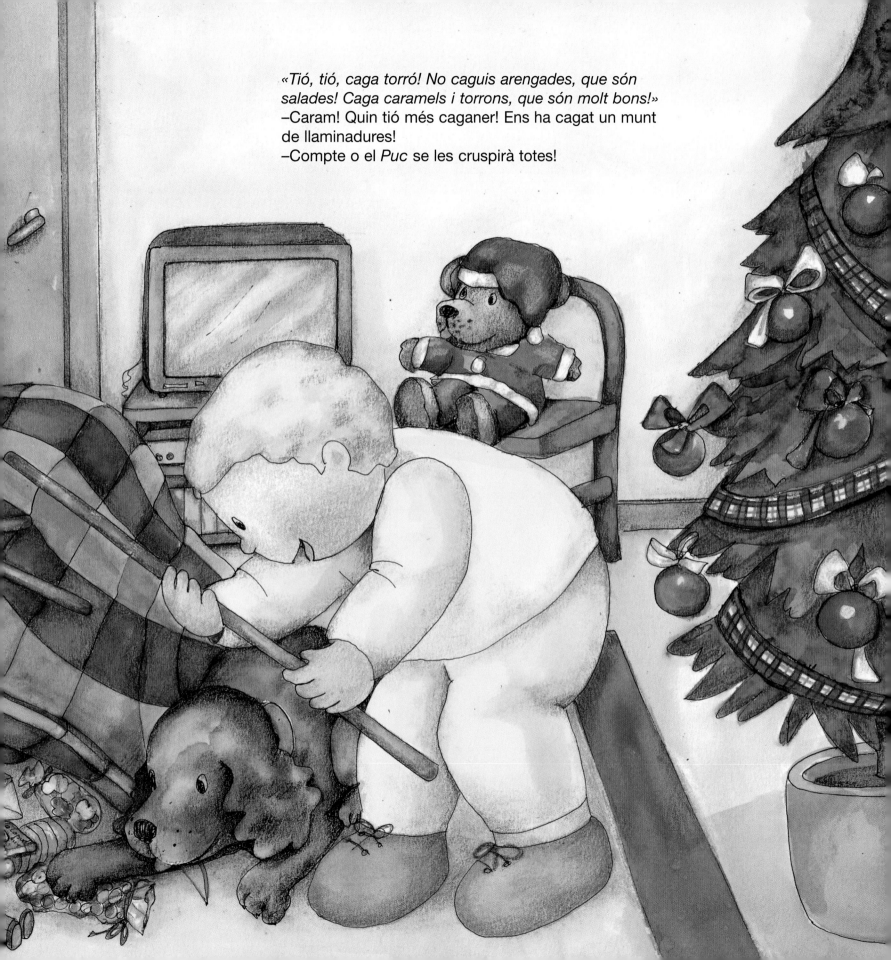

«*Tió, tió, caga torró! No caguis arengades, que són salades! Caga caramels i torrons, que són molt bons!*»

–Caram! Quin tió més caganer! Ens ha cagat un munt de llaminadures!

–Compte o el *Puc* se les cruspirà totes!

Ahir va ser Nadal i el vam celebrar a casa amb els pares. Com que avui és Sant Esteve, tota la família ens reunim a cals avis. No hi falta ningú! El dinar és molt bo, i abans de menjar-nos les postres l'avi fa un discurs. Tots brindem i mengem torrons.

«Benvolguts Reis d'Orient, aquest any m'he portat molt bé. Per això vull una bicicleta per a mi, un patinet per a en Pau i una nina per a la Cleta, que és una ploranera.» A la carta que he escrit als Reis, també he demanat coses per als meus germans. Durant la cavalcada l'he lliurada al patge del rei, i en Baltasar l'ha llegida en veu alta!

Mira quina tartana més antiga! Cada any, en arribar Sant Antoni, ajudem els avis a guarnir la tartana. Ens hi asseiem tots, el *Puc*, la Clara i el seu peix, l'àvia i el lloro, en Pau i els gats, i també en Pere i el seu conill. Arrossegats pel cavall, duem a beneir els animals a l'ermita. Pel camí trobem molta gent que, com nosaltres, també passeja els seus animals.

És Dijous Gras, i la mare m'ha preparat el berenar per a l'excursió: un deliciós entrepà de botifarra d'ou. La mestra ens ha dut a una masia, i alguns de nosaltres hem dibuixat la vella Quaresma i uns altres, l'enterrament de la sardina, que serà d'aquí a uns dies.

T'agrada la meva disfressa? És Carnaval,
i la tia Rosa ens ha deixat remenar a
l'armari de la roba vella. Hem trobat
moltes coses per disfressar-nos, i fins i
tot un pedaç de roba negra per tapar-me
l'ull, perquè em disfressaré de pirata!

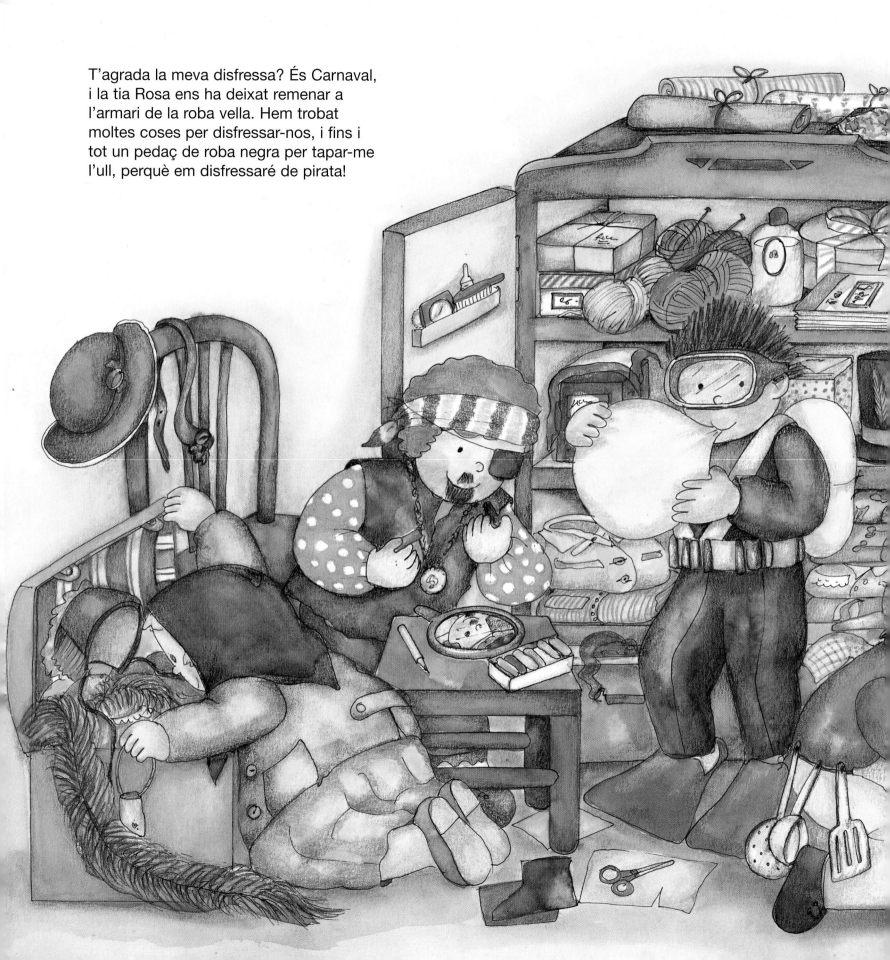

El Diumenge de Rams molts nens i nenes surten al carrer amb palmes i palmons. He acompanyat la tia Rosa a la pastisseria per triar la mona, i l'oncle Pere, en Pau i la Cleta també hi han volgut venir. Llavors la Cleta s'ha posat a plorar perquè volia un ou de xocolata, i l'hi han comprat, però amb la condició que ens el repartim. Jo també els deixaré tastar la mona, i en Pau ens convidarà a tortell.

El dia de Sant Jordi la mare ha comprat un llibre. Com que l'autor els signava, li ha demanat que hi escrivís una dedicatòria per al pare. A en Pau i a mi, la mare ens ha deixat triar un conte. Ja voldria ser a casa i llegir-lo! Però abans hem de comprar una rosa per a l'àvia.

«*Pel maig, cada dia un raig*», diu la tia Rosa. Com que el dia de Sant Ponç és l'11 de maig, a vegades plou. Aquest any, en Pau i jo ens hem endut els impermeables a la fira, per si de cas! La fira de Sant Ponç és plena de coses dolces. Jo he tastat un tros de taronja confitada i en Pau, una cirera. N'hem comprat unes quantes per al pastís que farem aquesta tarda.

Romaní

Farigola

Regalèssia

Camamilla

Maria Lluïsa

til·la

meló confitat

Figues en almívar

Cabell d'àngel

Castanyes

ramels

Confitura de síndria

taronges confitades

préssecs confitats

Visca, ja han arribat les vacances! Celebrem l'arribada
de l'estiu fent fogueres, ballant i fent esclatar petards
i coets la nit màgica de Sant Joan. Tothom té ganes
de festa i de passar-ho bé.
–Caram! Quines coques més bones que fa, l'àvia!

Els meus cosins i els meus oncles viuen en un petit poble de pescadors. Cada juliol hi anem a passar uns dies. I un d'aquells dies se celebra la festa de la Mare de Déu del Carme, la patrona dels pescadors. Llavors els meus cosins guarneixen la seva barca amb flors per participar en la tradicional processó de les barques.

Fixa't en els gegants! Has vist els capgrossos? Cada any, per la Festa Major, surten a passejar pels carrers i ballen al so dels timbals i les gralles. Hi ha nens i nenes que els tenen por, però a mi no me'n fan gens, perquè sé que són de cartró. Quan passen davant meu els llanço serpentines i confeti.

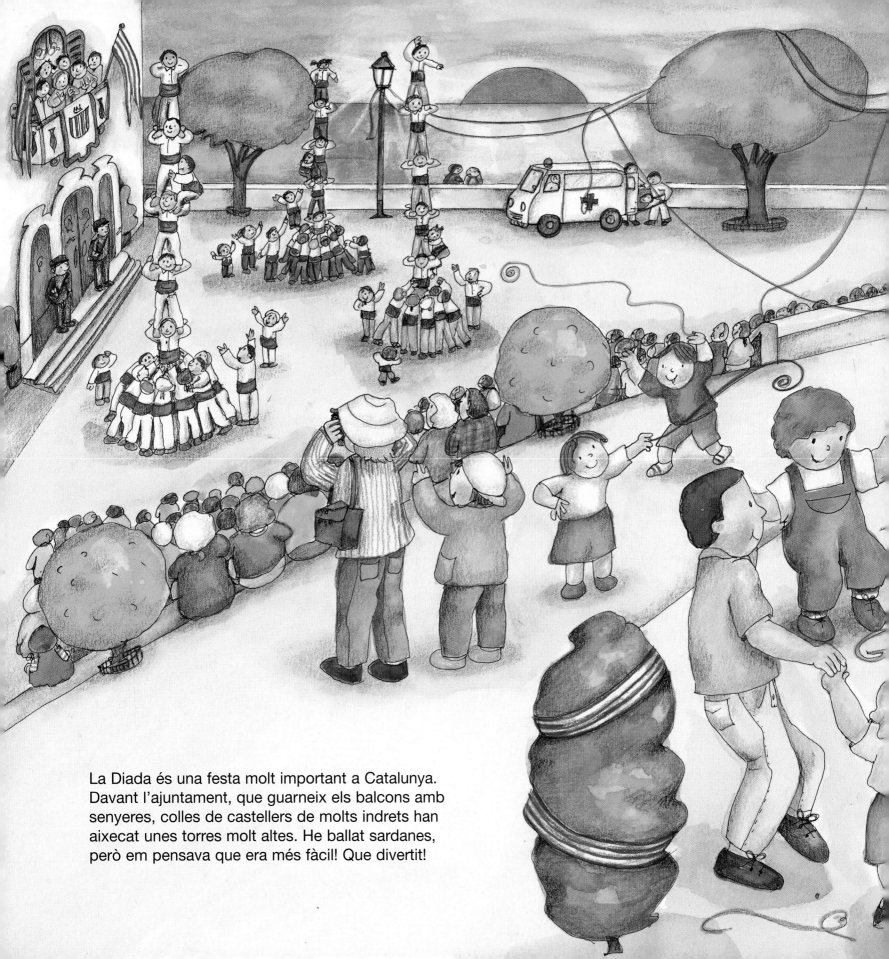

La Diada és una festa molt important a Catalunya. Davant l'ajuntament, que guarneix els balcons amb senyeres, colles de castellers de molts indrets han aixecat unes torres molt altes. He ballat sardanes, però em pensava que era més fàcil! Que divertit!

La Castanyada
Per Tots Sants, castanyes i panellets (dita popular)

Quan arriba la tardor, les fulles cauen dels arbres, els dies es fan més curts, arriba el fred i els boscos s'omplen de bolets i castanyes. Coincidint amb aquesta estació, l'1 de novembre se celebra Tots Sants, una festa en la qual es recorden els difunts i la gent omplen els cementiris de flors. El dia de Tots Sants, a l'escola i amb la família es fa la castanyada, en què és habitual menjar castanyes, les fruites seques típiques de l'estació, acompanyades de moniatos i uns pastissos dolços, els «panellets», fets bàsicament amb ametlla, sucre, ou i moniato o patata. Són dolços de la tradició de la cuina àrab i s'han convertit en una llaminadura típica de Catalunya, tot i que en alguns indrets poden rebre noms diferents. És costum que les castanyeres venguin castanyes –ben torrades i calentes, i embolicades amb paper de diari– des de Tots Sants fins als voltants de Nadal. A Prades, per exemple, després de dinar, un home voltava pels carrers amb el seu carro recollint la llenya i les castanyes que els veïns li donaven. Al vespre, amb la llenya recollida, s'encenia una foguera a la plaça del poble i s'hi torraven castanyes per a tothom que en volgués menjar, acompanyades d'un glopet de vi.

El tió
Caga tió, que, si no, et donaré un cop de bastó (dita popular)

«Fer cagar el tió» és una tradició familiar pròpia del dia de Nadal o la vigília de Nadal. Per entendre aquest costum cal saber que, temps enrere, la fusta que s'extreia dels arbres es feia servir per a moltes coses –eines de treball, objectes i mobiliari, joguines, etc.–, i per això es va voler dedicar una festa als arbres, la llar i el foc. Com que durant l'hivern el tió es dedica a dormir, quan arriba Nadal cal despertar-lo amb un bon cop de bastó, tot cantant una cançó.

El tió acostuma a ser un tronc de roure o d'alzina i, uns quants dies abans de fer-lo cagar, s'ha de tapar amb un tros de tela per evitar-li els refredats i alimentar-lo amb pa o galetes. D'aquesta manera, si ha menjat bé, cagarà regals i llaminadures. La cançó que cal cantar-li al tió, mentre se'l colpeja amb el pal, varia segons l'indret. Un exemple: «Tió, tió, caga torró! No caguis arengades, que són salades! Caga caramels i torrons, que són molt bons!» (cançó popular). A la mitjanit del dia 24, encara ara és costum anar a la Missa del Gall.

Sant Antoni
Mata el porc pel gener, si vols que es conservi bé (dita popular)

Temps enrere, el 17 de gener, el dia de Sant Antoni, era un dels dies més importants de l'any. Es tenia el costum de passejar els animals molt nets i polits, i ben guarnits, fins a l'església per tal de beneir-los. Cal tenir en compte que Sant Antoni és el patró de tots els animals i que garanteix la fertilitat i el benestar del bestiar (recordem que antigament els animals tenien molta importància en les tasques agrícoles, de transport, etc.). Sant Antoni també representava el pas de l'hivern a la primavera i la lluita entre el bé (sant Antoni) i el mal (els dimonis). Actualment, en algunes poblacions, el dia de Sant Antoni encara fan desfilar els animals pels carrers per dur-los a beneir.

Sant Esteve
Per Nadal i Sant Esteve, cadascú a casa seva (dita popular)

És una festa que se celebra cada 26 de desembre i que representa la continuació del Nadal. És un dia que congrega familiars i amics a taula, perquè com més gent hi hagi, millor! Normalment es comença a dinar una mica més tard del normal, i en moltes cases s'acostuma a treure les sobres de menjar del dia anterior. A vegades, canelons, carn rostida, escudella i carn d'olla, i sempre una bona pila de torrons. És un dinar llarg i abundant, en què sembla que ningú no té ganes d'aixecar-se de la cadira, i per això la sobretaula s'allarga fins que comença a fer-se fosc. El dia de Sant Esteve posa punt final a les festes de Nadal.

El Dia de Reis
Els tres Reis de l'Orient porten coses a tota la gent (dita popular)

El 5 de gener és una data especial per a tots els nens i les nenes de molts indrets del món. L'arribada dels Reis d'Orient, Melcior, Gaspar i Baltasar, és un dels moments més esperats de l'any. Els Reis d'Orient arriben carregats de regals per als infants que s'han portat bé, i durant la nit entren a les cases i deixen els regals a la porta de casa, el balcó o vora unes sabates. És costum deixar menjar i beure per als cavalls o bé els camells dels Reis. Per evitar que els Reis passin de llarg, en algunes poblacions els nens i les nenes surten a fer soroll amb llaunes o cassoles. En altres indrets, reben els reis amb fanalets fets pels infants mateixos perquè tinguin claror suficient i trobin el camí.

Dijous gras
Per Dijous Gras, coques de llardons (dita popular)

És el dijous anterior al diumenge de Carnestoltes. Abans era típic menjar un àpat fort a base de carn de porc, ous, llom, orella, ventre, botifarra i altres tipus de carns. És per això que, d'aquest dijous, se'n diu «gras». També se l'anomena «el dia de la truita», perquè la tradició mana menjar truita amb botifarra, botifarra d'ou i coca de llardons. Cap a la fi del segle XVIII, en alguns llocs els venedors del mercat celebraven la festa amb una representació peculiar: formaven dos bàndols, el dels carnissers i el dels peixaters, i representaven una batussa. En altres indrets de Catalunya se celebraven balls tradicionals.

Carnaval
Casament de Carnaval, casament que res no val (dita popular)

Durant la festa de Carnaval, abans d'entrar en el temps auster de la Quaresma, a la gent li agrada sortir disfressada i passar-ho bé. Antigament, en algunes localitats de pocs habitants, quan algú sortia de casa sense disfressa, els veïns l'empaitaven amb una escombra i li llençaven cendra per tal de guarnir-lo d'alguna manera. En altres pobles, la gent es cobrien els rostres amb màscares i anaven a la plaça a dir tot el que els semblava sense la por de ser reconeguts. El protagonista de la festa, però, era i continua sent el Carnestoltes, un personatge que va néixer a Catalunya pels voltants del segle XVII. Els pagesos d'aquells temps farcien roba vella amb palla per donar-li una forma de ninot i el penjaven al paller. Allà s'estava fins al Dimecres de Cendra, el dia en què s'acomiada la festa amb la mort del Carnestoltes i la lectura del seu testament (que també s'anomena «l'enterrament de la sardina»). La festa és sobretot una caricatura i una crítica irònica de la societat.

Sant Jordi
Sant Jordi arribat, surt la cuca del forat (dita popular)

El culte a sant Jordi va començar als segles X i XI, gràcies a una llegenda sobre la seva intervenció en les batalles contra els musulmans. L'any 1456 es va començar a celebrar la festa de sant Jordi com a patró de Catalunya. La figura de Sant Jordi representa la lluita d'un home contra un monstre, el drac. Antigament els aristòcrates celebraven torneigs i festes al Born de Barcelona, i regalaven a les dames roses i flors. La tradició de regalar flors s'ha anat mantenint fins avui i s'ha convertit en un costum arreu de Catalunya. El 23 d'abril, el Dia de Sant Jordi, els carrers dels pobles i les ciutats catalanes s'omplen de senyeres i de flors. I com que, a més, en aquesta data es commemora la mort de Miguel de Cervantes, s'hi celebra també el Dia del Llibre. És costum que els nois regalin una rosa a les noies, i elles, un llibre als nois. Però actualment les noies també regalen roses als nois i els nois, llibres a les noies.

Sant Ponç
Maig arribat, hivern acabat (dita popular)

L'11 de maig diferents ciutats, pobles de Catalunya organitzen la Fira de Sant Ponç, l'advocat contra les xinxes i patró dels herbolaris. La fira és una antiga celebració en la qual s'ofereixen als visitants productes naturals relacionats amb les herbes remeieres. Durant el segle XVI, en alguns indrets era costum fer una fira d'herbes dedicada a Flora, la deessa romana de la vegetació. Uns segles després, aquest costum es va unir amb el del culte a sant Ponç, que era una benedicció d'herbes curatives. Els darrers anys, la fira s'ha convertit en un aparador de tota mena de productes ecològics. A les parades, hi ha un gran assortiment d'herbes, mel, confitures, codonyats i altres llaminadures.

La palma, el palmó i la mona de Pasqua
Si tinc calor al febrer, per Pasqua tremolaré (dita popular)

El Diumenge de Rams els padrins regalen una palma a les nenes i un palmó als nens perquè els duguin a beneir per commemorar l'entrada de Jesús i els pelegrins a Jerusalem amb palmes i branques d'olivera. Com que els aparadors de les pastisseries estan guarnits amb les mones de Pasqua, a vegades els padrins aprofiten l'avinentesa per triar la mona amb els seus fillols. La mona de Pasqua forma part d'una tradició que indica que la Quaresma i les seves abstinències s'han acabat. De primer les mones eren una massa de pastís amb ous al damunt. Amb el pas dels anys, els ous es van convertir en ous de xocolata i actualment veiem mones de tota mena i de totes les mides però on mai no falta la xocolata. Antigament, com encara avui, era tradició que el padrí regalés la mona al seu fillol el diumenge de Pasqua. I el dilluns, els amics i la família anaven tots junts a fer un dinar a la muntanya o en algun altre indret per «menjar-se la mona».

El Dia del Carme
Qui no es banya pel juliol no es banya quan vol (dita popular)

El dia 16 de juliol els pobles costaners celebren la festa de la Mare de Déu del Carme, la patrona dels pescadors, que consisteix a venerar-la perquè els doni protecció i els salvi dels perills del mar. Per això els pescadors guarneixen les barques i fan una processó pel mar. Una de les barques duu la imatge de la Mare de Déu. Un cop a terra, els pescadors s'encaminen cap a l'església per deixar-hi la Mare de Déu del Carme, acompanyats de l'alcalde i una corrua de gent. També hi ha grallers i capgrossos. Finalment, la festa continua amb havaneres a la platja i ball.

Sant Joan
Sant Joan, el dia més llarg de l'any (dita popular)

La nit del 23 al 24 de juny se celebra el solstici d'estiu, que és el moment de l'any en què el sol es troba en el seu punt més alt. La forma més popular de celebrar aquest esdeveniment és mitjançant les revetlles. Les civilitzacions del Neolític ja celebraven el solstici amb unes cerimònies basades en el foc. Així, doncs, el foc és l'element principal de la festa, i en la nit del 23 al 24, la més curta de l'any, es diu que allunya els mals esperits. Seguint aquesta creença, a totes les poblacions s'encenen fogueres i es balla al seu voltant. Durant aquesta nit, també es diu que creixen al bosc varietats vegetals que curen tota mena de mals. En realitat se suposa que qualsevol herba que es culli durant la nit de Sant Joan tindrà qualitats curatives. És una nit màgica en què és tradició menjar coca (dolça o salada), acompanyada de vi o cava.

Les Festes Majors
En agost, vi i most (dita popular)

Quan les collites s'acabaven i abans de començar a llaurar de nou, durant els mesos d'estiu els camperols celebraven la fi de les feines que tancaven l'any agrari. Per això, gairebé totes les Festes Majors de Catalunya es fan al mes d'agost. La festa és diferent a cada localitat, però totes s'inicien amb el pregó de l'alcalde i hi ha cercaviles, jocs, danses tradicionals, balls d'envelat, focs d'artifici, etc. Les Festes Majors se celebren als carrers i hi acostuma a participar tot el poble.

La Diada
Lluna setembral, la més clara de l'any (dita popular)

L'Onze de Setembre és la Diada Nacional de Catalunya i la commemoració d'una data històrica que va representar la rendició de Barcelona l'11 de setembre de 1714, després d'un setge de catorze mesos per part de les tropes castellanes. Allò va tenir com a resultat la destrucció de les institucions autonòmiques, la repressió violenta contra els catalans i la seva llengua, i l'inici de la lluita per recuperar la identitat catalana. Des de finals del segle XIX la Diada commemora la lluita per la recuperació de les institucions, les llibertats i la cultura catalana. A Barcelona es fa una ofrena de flors al monument de Rafael Casanova, el conseller en cap ferit en el darrer assalt de les tropes borbòniques. A Catalunya és un dia festiu i, tot passejant pels carrers de les diverses poblacions, es poden veure senyeres penjades als balcons i les finestres de les cases.